초등고학년
한자

초등 학습 한자 **5**

초등 고학년 한자

박두수 지음

송진섭·이병호·강혜정 선생님 추천

중앙에듀북스

안녕하세요? 박두수입니다.

❗ 한자는 왜 공부해야만 할까요?

- 한자는 세계 인구의 26%가 사용하는 동양권의 대표문자입니다.
- 우리말의 70% 이상을 차지하고 있는 것이 한자어입니다.

❗ 한자를 잘하면 왜 공부를 잘하게 될까요?

- 한자는 풍부한 언어 문자 생활과 다른 과목의 학습을 도와주는 역할을 합니다.
- 중학교 1학년 기본 10개 교과목에 2,122자의 한자와 약 14만 번의 한자어가 나옵니다.
- 한자 표기를 통한 학습을 통해서 43%가 학업 성적이 향상되었습니다.

❗ 쓰기 및 암기 위주의 한자 학습, 이제 바뀌어야 합니다.

한자는 만들어진 원리를 생각하며 학습하면 쉽게 익힐 수 있습니다.

예	休(쉴 휴) = 亻(사람 인) + 木(나무 목) 사람(亻)이 햇빛을 피해서 나무(木)에 기대어 쉰다는 뜻입니다.

"선생님! 해도 해도 안 돼요. 한자가 너무 어려워요."

이렇게 말하면서 울먹이던 어린 여학생의 안타까운 눈망울을 바라보며 '어떻게 하면 한자를 쉽게 익힐 수 있을까?' 오랜 시간 기도하며 연구하였습니다.

부디 《초등 학습 한자》가 한자와 친해지는 계기가 되고, 여러분의 한자 공부에 많은 도움이 되기를 진심으로 기도합니다.

오랫동안 한자를 가르쳐 주신 아버지 박영 훈장님과 주야로 기도해 주신 어머니 송숙희 권사님, 그리고 《초등 학습 한자》가 출간될 수 있도록 도움을 주신 모든 분들께 진심으로 사랑과 감사의 뜻을 전합니다.

박두수 올림

부수도 모르고 한자를 공부한다구요?

1. 처음 한글을 어떻게 배우는지 생각해 보세요.

한글은 먼저 자음과 모음을 배우고 자음과 모음을 결합해서 글자를 배웁니다. 한글은 자음과 모음이 기본입니다.

2. 또 영어는 처음에 무엇부터 배우는지 생각해 보세요.

영어는 먼저 알파벳을 배우고 알파벳을 결합해서 단어를 배웁니다. 영어는 알파벳이 기본입니다.

3. 그런데 한자는 부수도 모르고 배운다구요?

한자는 부수가 기본입니다. 한자는 부수를 결합하여 만든 글자입니다.

4. 다음의 한자를 익혀 보세요.

間(사이 간), 問(물을 문), 聞(들을 문), 閉(닫을 폐), 開(열 개), 閑(한가할 한), 閣(집 각), 關(빗장 관)

어때요? 잘 외워지지도 않고 또 외웠다 하더라도 모양이 비슷해서 많이 헷갈리지요? 그래서 한자는 무조건 외우는 것이 아닙니다.

5. 그럼 한자는 어떻게 공부해야 할까요?

한자는 무조건 쓰면서 외우는 것이 아닙니다. 한자는 만들어진 원리가 있습니다. 한자는 부수를 결합해서 만든 글자입니다. 그러니 한글의 자음과 모음처럼, 또 영어의 알파벳처럼 한자는 부수부터 공부해야 합니다.

6. 이제는 부수를 이용해서 이렇게 공부해 볼까요?

間(사이 간) = 門(문 문) + 日(해 일)　　문(門) 사이로 햇빛(日)이 들어오니

問(물을 문) = 門(문 문) + 口(입 구)　　문(門)에 대고 입(口) 벌려 물으니

聞(들을 문) = 門(문 문) + 耳(귀 이)　　문(門)에 귀(耳)를 대고 들으니

閉(닫을 폐) = 門(문 문) + 才(재주 재)　　고장 난 문(門)을 재주껏(才) 닫으니

1. 기존 214자의 부수를 160자로 새로 정리하였습니다.

모양이 비슷한 부수는 통합하고, 잘 쓰이지 않는 부수는 제외하였습니다.

2. 부수의 뜻과 음을 새로 정리하였습니다.

● 一은 그동안 **하나**라는 뜻으로만 알고 있었습니다. 그러나 이 책에서는 一(한 일, 하늘 일, 땅 일)이라는 뜻으로 새로 정리하였습니다.

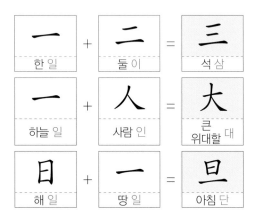

하나(一) 더하기 둘(二)은? 셋

하늘(一)과 통하는 **사람**(人)은 지위가 크고 위대하다는 뜻입니다.

해(日)가 땅(一) 위로 떠오를 때는 아침이니

● 二도 그동안 **둘**이라는 뜻으로만 알고 있었습니다. 그러나 이 책에서는 二(둘 이, 하늘땅 이)라는 뜻으로 새로 정리하였습니다.

<table>
<tr><td>二
하늘땅 이</td><td>+</td><td>儿
걷는 사람 인</td><td>=</td><td>元
으뜸 원</td></tr>
</table>

하늘땅(二)의 많은 생물 중에서 걷는 **사람**(儿)이 으뜸이니

3. 새로운 모양의 부수를 발견하여 정리하였습니다.

이 책에서는 그동안 우리가 몰랐던 부수를 새로 발견하여 정리하였습니다.

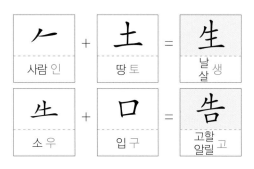

사람(𠂉)은 땅(土)에서 태어나 살아간다는 뜻입니다.

신에게 소(牛)를 제물로 바치고 입(口)으로 소원을 고하여 알린다는 뜻입니다.

초등 학습 한자를 왜 출간하게 되었는가?

1. 우리나라 초등학생들의 국어 어휘실력이 부족하여 원활한 의사소통은 물론 교과서에 나오는 단어의 뜻조차도 잘 모른다고 합니다. 우리말의 70% 이상이 한자어이며, 중학교 1학년 교과서에 약 14만 번의 한자어가 나오고, 한자 표기를 통한 학습을 통해서 43%가 학업 성적이 향상된 결과로 보아 한자는 꼭 배워야 합니다.

2. 한자는 무려 10만자가 넘는다고 합니다. 이 중에서 초등학생이 몇 글자를 배우고 또 어떤 글자를 배워야 하는지 기준이 없습니다. 그리고 2019년부터 초등학교 5, 6학년 교과서에 한자 병기를 합니다.

3. 현재 초등학생이 꼭 알아야 할 한자와 또 초등학생의 눈높이에 알맞은 한자교재가 없습니다.

4. 그래서 한자를 담당하는 선생님은 성인용 한자 교재를 선정하거나 여러 교재를 조합하여 한자를 가르치고 있는 것이 현실입니다.

초등 학습 한자의 특징	❶ 초등학교 전 학년의 모든 교과서를 분석하고, 또 일상생활에서 자주 사용하는 한자어를 선별하여 초등학생이 꼭 알아야 할 한자를 선정하였습니다. ❷ 한자를 쉽고 재미있게 익히기 위하여 새로운 뜻과 새로운 모양의 부수 160자를 정리하였습니다. ❸ 한자를 외우지 않고 이해할 수 있도록 부수를 이용해서 이야기 식으로 풀어서 설명하였습니다. ❹ 기존의 복잡하고 어려운 한자를 쓰는 순서와 달리 이해하기 쉽고, 쓰기 편하게 필순을 바꿨습니다. ❺ 초등학생의 눈높이에 맞추어서 한자를 쉽게 풀이했습니다. ❻ 중학생이 되기 전 또는 중학생이라면 기본적으로 꼭 알아야 할 한자어를 포함하고 있습니다.

5-1 신습한자

읽기? 뜻, 음을 가리고 읽어본 후 틀린 글자는 V표 하세요.
한자를 가리고 써본 후 틀린 글자는 V표 하세요, 쓰기?

읽기 1	읽기 2	한자	부수	뜻	음	쓰기 1	쓰기 2
		囚	口	가둘	수		
		因	口	의지할	인		
		思	心	생각	사		
		災	火	재앙	재		
		好	女	좋을	호		
		且	一	또	차		
		助	力	도울	조		
		組	糸	짤	조		
		祖	示	할아비	조		
		査	木	조사할	사		
		告	口	알릴	고		
		吉	口	길할	길		
		志	心	뜻	지		
		誌	言	기록할	지		
		角	角	뿔	각		

읽기 1	읽기 2	한자	부수	뜻	음	쓰기 1	쓰기 2
		定	宀	정할	정		
		是	日	옳을	시		
		題	頁	문제	제		
		頭	頁	머리	두		
		在	土	있을	재		
		空	穴	빌	공		
		窓	穴	창문	창		
		亡	亠	망할	망		
		望	月	바랄	망		
		再	冂	다시	재		
		戒	戈	경계할	계		
		伐	亻	찌를	벌		
		代	亻	대신할	대		
		式	弋	법	식		
		要	襾	중요할	요		

읽기? 뜻, 음을 가리고 읽어본 후 틀린 글자는 V표 하세요.
한자를 가리고 써본 후 틀린 글자는 V표 하세요. 쓰기?

읽기 1	읽기 2	한자	부수	뜻	음	쓰기 1	쓰기 2
		丁	一	장정	정		
		打	扌	칠	타		
		貯	貝	쌓을	저		
		可	口	옳을	가		
		河	氵	강	하		
		歌	欠	노래	가		
		予	亅	나	여		
		序	广	차례	서		
		野	里	들	야		
		死	歹	죽을	사		
		旦	日	아침	단		
		昜	日	볕	양		
		陽	阝	볕	양		
		場	土	마당	장		
		傷	亻	상할	상		

읽기 1	읽기 2	한자	부수	뜻	음	쓰기 1	쓰기 2
		首	首	머리	수		
		道	辶	길	도		
		建	廴	세울	건		
		健	亻	건강할	건		
		消	氵	사라질	소		
		史	口	역사	사		
		使	亻	부릴	사		
		便	亻	편할	편		
		兵	八	병사	병		
		勞	力	일할	로		
		努	力	힘쓸	노		
		怒	心	성낼	노		
		相	目	서로	상		
		想	心	생각	상		
		樹	木	심을	수		

읽기? 뜻, 음을 가리고 읽어본 후 틀린 글자는 V표 하세요.
한자를 가리고 써본 후 틀린 글자는 V표 하세요. 쓰기?

읽기 1	2	한자	부수	뜻	음	쓰기 1	2
		居	尸	살	거		
		局	尸	방	국		
		屋	尸	집	옥		
		屈	尸	굽힐	굴		
		商	口	장사	상		
		高	高	높을	고		
		京	亠	서울	경		
		景	日	경치	경		
		集	佳	모일	집		
		庭	广	뜰	정		
		罪	四	허물	죄		
		罰	四	벌할	벌		
		羅	四	벌릴	라		
		買	貝	살	매		
		賣	貝	팔	매		

읽기 1	2	한자	부수	뜻	음	쓰기 1	2
		讀	言	읽을	독		
		續	糸	이을	속		
		弘	弓	클	홍		
		強	弓	강할	강		
		通	辶	통할	통		
		者	耂	사람	자		
		都	阝	도읍	도		
		暑	日	더울	서		
		署	四	관청	서		
		著	艹	나타날	저		
		洋	氵	큰 바다	양		
		鮮	魚	싱싱할	선		
		守	宀	지킬	수		
		板	木	널조각	판		
		炭	火	숯	탄		

읽기? 뜻, 음을 가리고 읽어본 후 틀린 글자는 V표 하세요.
한자를 가리고 써본 후 틀린 글자는 V표 하세요. **쓰기?**

읽기 1	읽기 2	한자	부수	뜻	음	쓰기 1	쓰기 2
		尚	小	높을	상		
		堂	土	집	당		
		當	田	마땅	당		
		賞	貝	상줄	상		
		幸	干	다행	행		

읽기 1	읽기 2	한자	부수	뜻	음	쓰기 1	쓰기 2
		比	比	나란할	비		
		草	艹	풀	초		
		能	月	능할	능		
		服	月	복종할	복		
		收	攵	거둘	수		

①

가둘 수

口 + 人

울타리 위 + 사람 인

울타리(口) 안에 **사람**(人)을 가두니

*울타리 안에 죄지은 사람을 가둔다는 뜻입니다.

囚

- 囚人(수인) : 옥에 갇힌 사람
- 囚衣(수의) : 죄수가 입는 옷

②

의지할 원인 인

口 + 大

울타리 위 + 큰 대

울타리(口)가 **크고**(大) 튼튼해야 의지하고 사니

因

- 事因(사인) : 일의 원인
- 因果(인과) : 원인과 결과

3 생각 사

田 + 心
밭 전 + 마음 심

밭(田)에 무엇을 심을까 **마음**(心)으로 **생각**하니

思

• 思料(사료) : 생각하여 헤아림
• 意思(의사) : 무엇을 하고자 하는 생각

4 재앙 재

巛 + 火
내 천 + 불 화

냇물(巛)과 **불**(火)로 일어나는 **재앙**
*홍수와 불이 나서 재앙이 생긴다는 뜻입니다.

災

• 火災(화재) : 불이 나는 재앙
• 水災(수재) : 장마나 홍수로 인한 재난

5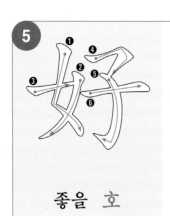

좋을 호

女 + 子

여자 녀   아들 자

 여자(女)가 아들(子)을 안고 좋아하니

好						

- 好事(호사) : 좋은 일
- 好意(호의) : 좋게 생각하여 주는 마음

알림마당

알맞게 연결하세요.

囚 •

因 •

思 •

災 •

好 •

• 좋을 호

• 재앙 재

• 가둘 수

• 의지할 인

• 생각 사

	+ 儿	= 四(넉 사)
	+ 古	= 固(굳을 고)
口	+ 袁	= 園(동산 원)
	+ 人	= 囚(가둘 수)
	+ 大	= 因(의지할 인)

6

且

또 차

冂	+	二	+	一
성 경		둘 이		땅 일

성(冂) 두(二) 개를 땅(一)에 또 쌓으니

且					

7

助

도울 조

且	+	力
또 차		힘 력

또(且) 힘(力)써 도우니

助					

- 助力(조력) : 힘을 써 도와줌
- 助手(조수) : 책임자 밑에서 지도를 받으면서 일을 도와주는 사람

8

糸 + 且

실사 + 또차

짤 조

실(糸)로 또(且) 베를 짜니

組

• 組合(조합) : 여럿을 한데 모아 한 덩어리로 짬
• 組立(조립) : 여러 부품을 하나의 구조물로 짜 맞춤

9

示 + 且

보일 시 + 또차

할아비
조상 조

보이면(示) 또(且) 절해야 하는 할아버지

祖

• 祖父(조부) : 할아버지
• 祖上(조상) : 돌아가신 어버이 위로 대대의 어른

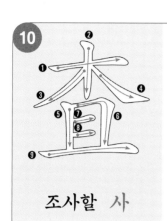

10

조사할 사

木 (나무 목) + 且 (또 차)

 나무(木)가 잘 자라는지 또(且) 조사하니

査					

- 査正(사정) : 조사하여 그릇된 것을 바로잡음
- 內査(내사) : 겉으로 드러나지 아니하게 은밀히 조사함

알림마당

알맞게 연결하세요.

낙서판

且 •

助 •

組 •

祖 •

査 •

• 조사할 사

• 할아비 조

• 도울 조

• 짤 조

• 또 차

♣ 한자 밑에 뜻과 음을 쓰고, 안 (   )에는 알맞은 부수를 쓰세요.

囚
(   )
울타리(   ) 안에 **사람**(   )을 가두니

因
(   )
울타리(   )가 **크고**(   ) 튼튼해야 의지하고 사니

思
(   )
밭(   )에 무엇을 심을까 **마음**(   )으로 **생각하니**

災
(   )
냇물(   )과 **불**(   )로 일어나는 **재앙**

好
(   )
여자(   )가 **아들**(   )을 안고 **좋아하니**

且
(   )
성(   ) 두(   ) 개를 **땅**(   )에 또 쌓으니

助
(   )
또(   ) **힘**(   )써 **도우니**

組
(   )
실(   )로 **또**(   ) 베를 짜니

祖
(   )
보이면(   ) **또**(   ) 절해야 하는 **할아버지**

査
(   )
나무(   )가 잘 자라는지 **또**(   ) 조사하니

18

♣ 숫자 순서대로 부수를 결합하여 한자를 만들고 옆에 뜻과 음을 쓰세요.

---

① 口　② 人　③ 大　④ 田　⑤ 心　⑥ 巛　⑦ 火
⑧ 女　⑨ 子

1.　① + ② =

2.　① + ③ =

3.　④ + ⑤ =

4.　⑥ + ⑦ =

5.　⑧ + ⑨ =

---

① 冂　② 二　③ 一　④ 且　⑤ 力　⑥ 糸　⑦ 示　⑧ 木

6.　① + ② + ③ =

7.　④ + ⑤ =

8.　⑥ + ④ =

9.　⑦ + ④ =

10.　⑧ + ④ =

囚 人	囚 衣	事 因
因 果	思 料	意 思
火 災	水 災	好 事
好 意	助 力	助 手
組 合	組 立	祖 父
祖 上	査 正	內 査

♣ 다음 한자어를 한자로 쓰세요.

가둘 수　사람 인　　가둘 수　옷 의　　일 사　원인 인

원인 인　결과 과　　생각 사　헤아릴 료　　뜻 의　생각 사

불 화　재앙 재　　물 수　재앙 재　　좋을 호　일 사

좋을 호　뜻 의　　도울 조　힘 력　　도울 조　사람 수

짤 조　합할 합　　짤 조　설 립　　할아비 조　아비 부

조상 조　윗 상　　조사할 사　바를 정　　안 내　조사할 사

21

11

告 알릴 고

牛 소우 ＋ 口 입구

소(牛)를 바치고 입(口)으로 소원을 알리니

*신에게 소를 제물로 바치고 입으로 소원을 알린다는 뜻입니다.

• 公告(공고) : 세상에 널리 알림
• 告白(고백) : 사실대로 숨김없이 말함

12

吉 길할 길

士 선비 사 ＋ 口 입구

선비(士)의 입(口)에서 나오는 말은 길하니(착하고 좋다.)

*학식과 인품이 높은 선비의 입에서 나오는 말은 착하고 좋다는 뜻입니다.

• 吉日(길일) : 운이 좋은 날
• 吉人(길인) : 성품이 바르고 복스러워 좋은 사람

13 뜻 지

士 선비 사 + 心 마음 심

선비(士)가 마음(心)에 품은 뜻

志

- 同志(동지) : 목적이나 뜻이 서로 같음
- 意志(의지) : 어떤 일을 이루고자 하는 마음

14 기록할 지

言 말씀 언 + 志 뜻 지

말(言)하여 뜻(志)을 기록하니

誌

- 日誌(일지) : 그날그날의 일을 적은 기록
- 誌面(지면) : 잡지에서 글이나 사진이 실리는 종이의 면

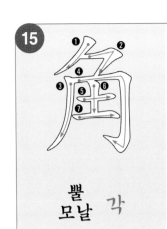

15 角

뿔
모날 각

𠂉	+	冂	+	土
쌀 포		성 경		땅 토

싸여(𠂉) 있는 성(冂) 안의 땅(土)이 **뿔**처럼 **모**나게 솟은 모양

*모 : 물건의 거죽으로 쑥 나온 귀퉁이

角						

• 牛角(우각) : 소의 뿔
• 四角(사각) : 네 개의 각

· · · · · · **알림마당** · · · · ·

알맞게 연결하세요.

告 •

吉 •

志 •

誌 •

角 •

• 알릴 고

• 뜻 지

• 뿔 각

• 길할 길

• 기록할 지

𠂉	+	儿	=	先 (먼저 선)
	+	口	=	告 (알릴 고)

	宀	+	下	+	人
	집 면		아래 하		사람 인

집(宀)에서 **아래**(下) **사람**(人)이 잘 곳을 정하니

정할 정

定					

• 約定(약정) : 약속하여 정함
• 定食(정식) : 식당에서 일정한 값을 정하여 놓고 파는 음식

	日	+	下	+	人
	해 일		아래 하		사람 인

해(日) **아래서**(下) **사람**(人)들이 옳게 살아가니

옳을 시

是					

• 是非(시비) : 옳음과 그름
• 是正(시정) : 그릇된 것을 바로잡음

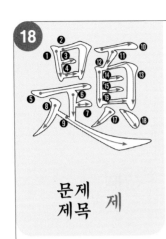

18

문제
제목　제

是 옳을 시 ＋ 頁 머리 혈

옳게(是) 머리(頁)를 써야 풀리는 문제

題						

- 出題(출제) : 문제를 냄
- 問題(문제) : 해답을 요구하는 물음

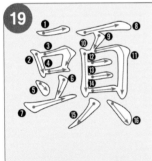

19

머리
우두머리　두

豆 콩 두 ＋ 頁 머리 혈

콩(豆)처럼 둥글둥글한 머리(頁)

*콩(豆)은 머리(頁)에 좋다고도 합니다.

頭						

- 頭上(두상) : 머리
- 頭目(두목) : 패거리의 우두머리

20 있을 재

一 + 亻 + 土
한 일　사람 인　땅 토

하나(一)같이 **사람**(亻)들이 **땅**(土)에 있으니

*하나같이 사람들이 땅에서 살아간다는 뜻입니다.

在

• 在室(재실) : 방에 있음
• 在家(재가) : 집에 있음

<hr/>

· · · · · · 알림마당 · · · · · ·

알맞게 연결하세요.

定 •　　　• 옳을 시

是 •　　　• 정할 정

題 •　　　• 문제 제

頭 •　　　• 있을 재

在 •　　　• 머리 두

令	+	頁	= 領 (거느릴 령)
川	+		= 順 (순할 순)
是	+		= 題 (문제 제)
豆	+		= 頭 (머리 두)

♣ 한자 밑에 뜻과 음을 쓰고, 옆 (   )에는 알맞은 부수를 쓰세요.

告
(   )

소(   )를 바치고 **입**(   )으로 소원을 알리니

吉
(   )

선비(   )의 **입**(   )에서 나오는 말은 길하니(착하고 좋다.)

志
(   )

선비(   )가 **마음**(   )에 품은 뜻

誌
(   )

말(   )하여 **뜻**(   )을 기록하니

角
(   )

싸여(   ) 있는 **성**(   ) 안의 **땅**(   )이 뿔처럼 모나게 솟은 모양

定
(   )

집(   )에서 **아래**(   ) **사람**(   )이 잘 곳을 정하니

是
(   )

해(   ) **아래서**(   ) **사람**(   )들이 옳게 살아가니

題
(   )

옳게(   ) **머리**(   )를 써야 풀리는 문제

頭
(   )

콩(   )처럼 둥글둥글한 **머리**(   )

在
(   )

하나(   )같이 **사람**(   )들이 **땅**(   )에 있으니

♣ 숫자 순서대로 부수를 결합하여 한자를 만들고 옆에 뜻과 음을 쓰세요.

①生 ②口 ③士 ④心 ⑤言 ⑥志 ⑦角

11. ① + ② =

12. ③ + ② =

13. ③ + ④ =

14. ⑤ + ⑥ =

15. ⑦ =

①宀 ②下 ③人 ④日 ⑤是 ⑥頁 ⑦豆
⑧一 ⑨亻 ⑩土

16. ① + ② + ③ =

17. ④ + ② + ③ =

18. ⑤ + ⑥ =

19. ⑦ + ⑥ =

20. ⑧ + ⑨ + ⑩ =

♣ 다음 한자어의 독음을 쓰세요.

公 告	告 白	吉 日
吉 人	同 志	意 志
日 誌	誌 面	牛 角
四 角	約 定	定 食
是 非	是 正	出 題
問 題	頭 上	頭 目
在 室	在 家	

♣ 다음 한자어를 한자로 쓰세요.

| 공평할 공 | 알릴 고 | | 알릴 고 | 흰 백 | | 길할 길 | 날 일 |

| 길할 길 | 사람 인 | | 같을 동 | 뜻 지 | | 뜻 의 | 뜻 지 |

| 날 일 | 기록할 지 | | 기록할 지 | 얼굴 면 | | 소 우 | 뿔 각 |

| 넉 사 | 모날 각 | | 약속할 약 | 정할 정 | | 정할 정 | 밥 식 |

| 옳을 시 | 아닐 비 | | 옳을 시 | 바를 정 | | 날 출 | 문제 제 |

| 물을 문 | 문제 제 | | 머리 두 | 윗 상 | | 우두머리 두 | 눈 목 |

| 있을 재 | 방 실 | | 있을 재 | 집 가 |

♣ 아래의 빈칸에 한자는 뜻과 음을, 뜻과 음은 한자를 쓰세요.

1~20번 형성평가	囚	因	思	災	好
	且	助	組	祖	查	告
	吉	志	誌	角	定	是
	題	頭	在		가둘 수	의지할 인
	생각 사	재앙 재	좋을 호	또 차	도울 조	짤 조
	할아비 조	조사할 사	알릴 고	길할 길	뜻 지	기록할 지
	뿔 각	정할 정	옳을 시	문제 제	머리 두	있을 재

21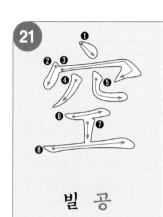

빌 공

穴
구멍 혈

+

工
만들 공

구멍(穴)을 만들어(工) 속이 비니

*구멍을 뚫어 속이 비었다는 뜻입니다.
*아무것도 없이 비어 있으니 하늘이라는 뜻도 나타냅니다.

空						

• 時空(시공) : 시간과 공간
• 空間(공간) : 아무것도 없는 빈 곳

22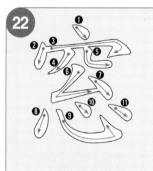

창문 창

穴
구멍 혈

+

ム
사사로울 사

+

心
마음 심

구멍(穴)을 사사로운(ム) 마음(心)으로 벽에 뚫어 만든 창문

*애! 구멍(穴) 난 내(ム) 마음(心)의 창

窓						

• 車窓(차창) : 차의 창문
• 窓門(창문) : 공기나 빛이 들어올 수 있게 벽에 만들어 놓은 작은 문

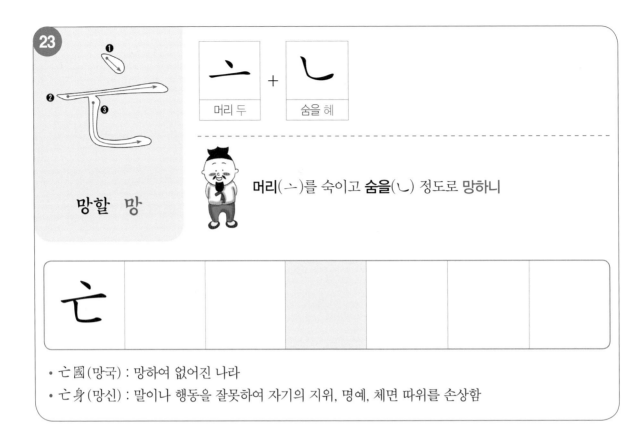

23

亡

망할 망

二 (머리 두) + ㄴ (숨을 혜)

머리(二)를 숙이고 **숨을**(ㄴ) 정도로 **망**하니

| 亡 | | | | | | |

- 亡國(망국) : 망하여 없어진 나라
- 亡身(망신) : 말이나 행동을 잘못하여 자기의 지위, 명예, 체면 따위를 손상함

24

望

바라볼
바랄   망

亡 (망할 망) + 月 (달 월) + 王 (임금 왕)

망하여(亡) **달**(月)을 바라보며 **왕**(王)처럼 되기를 **바라**니

| 望 | | | | | | |

- 大望(대망) : 큰 희망
- 失望(실망) : 희망을 잃음

34

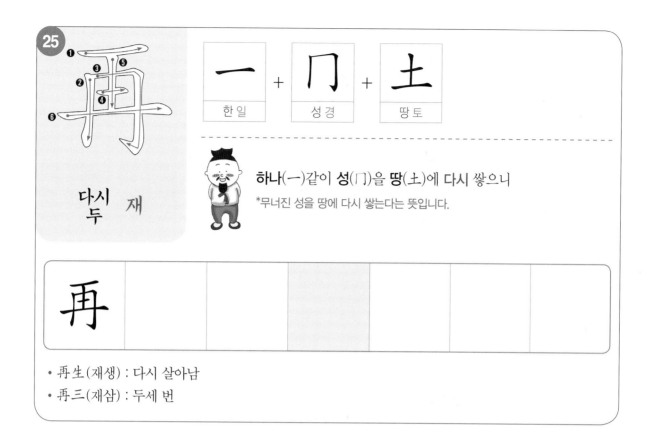

| 25 | 一 한 일 | + | 冂 성 경 | + | 土 땅 토 |

다시 두 **재**

하나(一)같이 성(冂)을 땅(土)에 다시 쌓으니
*무너진 성을 땅에 다시 쌓는다는 뜻입니다.

再						

• 再生(재생) : 다시 살아남
• 再三(재삼) : 두세 번

알맞게 연결하세요.

낙서판

空 •

窓 •

亡 •

望 •

再 •

• 바랄 망

• 다시 재

• 빌 공

• 창문 창

• 망할 망

26

경계할 계

戈
창 과

+

廾
두 손 잡을 공

창(戈)을 두 손으로 잡고(廾) 적을 경계하니

戒

- 戒告(계고) : 경계하여 알림
- 訓戒(훈계) : 타일러서 경계함

27

찌를
칠 벌
벨

亻
사람 인

+

戈
창 과

사람(亻)이 창(戈)으로 찌르니

伐

- 北伐(북벌) : 북쪽 지방을 침
- 伐木(벌목) : 나무를 벰

28

亻 사람 인 + 弋 주살 익

대신할 대

사람(亻)이 할 일을 **주살**(弋)로 대신하니

*주살 : 화살에 줄을 달아 활 쏘는 연습을 할 때 사용합니다.

代					

- 代身(대신) : 남을 대리함
- 代用(대용) : 다른 것을 대신하여 씀

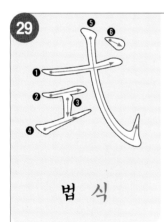

29

弋 주살 익 + 工 만들 공

법 식

주살(弋)을 **만드는**(工) 법식(방법이나 형식)

*주살도 아무렇게나 만들지 않고 만드는 방법과 형식이 있다는 뜻입니다.
*결혼식, 졸업식 등 정하여진 방식에 따라 치르는 행사에 쓰입니다.

式					

- 式順(식순) : 의식을 진행하는 순서
- 禮式(예식) : 예법에 따라 치르는 의식

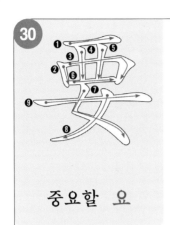

30

중요할 요

	西	+	女
	덮을 아		여자 녀

덮어서(襾) 여자(女)는 중요한 곳을 가리니
*여자가 옷을 입거나 천으로 몸을 가린다는 뜻입니다.

要						

- 要件(요건) : 중요한 용건
- 要人(요인) : 중요한 자리에 있는 사람

· · · · · · **알림마당** · · · · · ·

알맞게 연결하세요.

낙서판

戒 ·
伐 ·
代 ·
式 ·
要 ·

· 경계할 계

· 중요할 요

· 법 식

· 대신할 대

· 찌를 벌

♣ 한자 밑에 뜻과 음을 쓰고, 빈 (   )에는 알맞은 부수를 쓰세요.

空
(   )

구멍(   )을 만들어(   ) 속이 비니

窓
(   )

구멍(   )을 사사로운(   ) 마음(   )으로 벽에 뚫어 만든 창문

亡
(   )

머리(   )를 숙이고 숨을(   ) 정도로 망하니

望
(   )

망하여(   ) 달(   )을 바라보며 왕(   )처럼 되기를 바라니

再
(   )

하나(   )같이 성(   )을 땅(   )에 다시 쌓으니

戒
(   )

창(   )을 두 손으로 잡고(   ) 적을 경계하니

伐
(   )

사람(   )이 창(   )으로 찌르니

代
(   )

사람(   )이 할 일을 주살(   )로 대신하니

式
(   )

주살(   )을 만드는(   ) 법식(방법이나 형식)

要
(   )

덮어서(   ) 여자(   )는 중요한 곳을 가리니

♣ 숫자 순서대로 부수를 결합하여 한자를 만들고 옆에 뜻과 음을 쓰세요.

① 穴 ② 工 ③ 厶 ④ 心 ⑤ 亠 ⑥ 乚 ⑦ 亡
⑧ 月 ⑨ 王 ⑩ 一 ⑪ 冂 ⑫ 土

21. ① + ② =

22. ① + ③ + ④ =

23. ⑤ + ⑥ =

24. ⑦ + ⑧ + ⑨ =

25. ⑩ + ⑪ + ⑫ =

① 戈 ② 卅 ③ 亻 ④ 弋 ⑤ 工 ⑥ 西 ⑦ 女

26. ① + ② =

27. ③ + ① =

28. ③ + ④ =

29. ④ + ⑤ =

30. ⑥ + ⑦ =

다음 한자어의 독음을 쓰세요.

時空　　空間　　車窓

窓門　　亡國　　亡身

大望　　失望　　再生

再三　　戒告　　訓戒

北伐　　伐木　　代身

代用　　式順　　禮式

要件　　要人

41

♣ 다음 한자어를 한자로 쓰세요.

때 시 빌 공	빌 공 사이 간	차 차 창문 창
창문 창 문 문	망할 망 나라 국	망할 망 몸 신
큰 대 바랄 망	잃을 실 바랄 망	다시 재 살 생
두 재 석 삼	경계할 계 알릴 고	가르칠 훈 경계할 계
북녘 북 칠 벌	벨 벌 나무 목	대신할 대 몸 신
대신할 대 쓸 용	법 식 차례 순	예도 례 법 식
중요할 요 물건 건	중요할 요 사람 인	

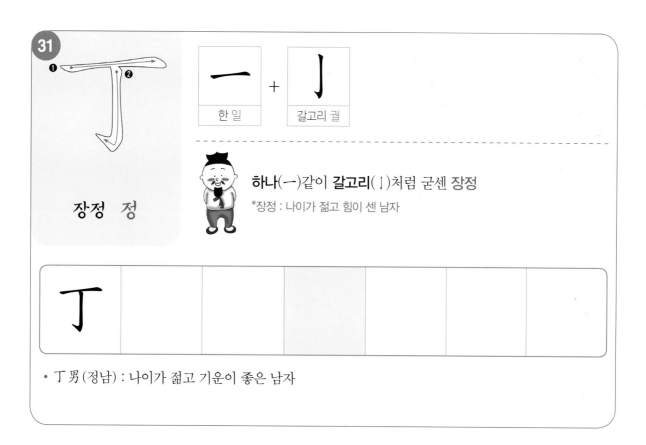

31

丁

장정 정

一
한 일

+

亅
갈고리 궐

하나(一)같이 갈고리(亅)처럼 굳센 장정

*장정 : 나이가 젊고 힘이 센 남자

丁						

• 丁男(정남) : 나이가 젊고 기운이 좋은 남자

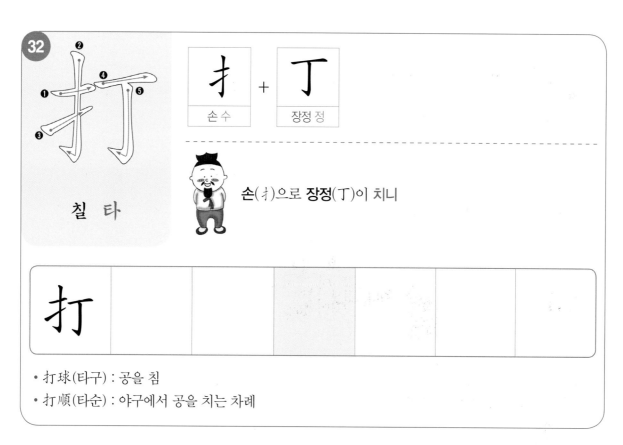

32

打

칠 타

扌
손 수

+

丁
장정 정

손(扌)으로 장정(丁)이 치니

打						

• 打球(타구) : 공을 침
• 打順(타순) : 야구에서 공을 치는 차례

33

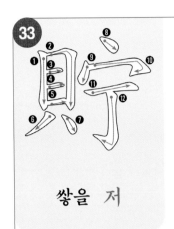

쌓을 저

貝	+	宀	+	丁
돈 패		집 면		장정 정

돈(貝)을 집(宀)에 장정(丁)이 쌓아 두니

貯					

• 貯金(저금) : 돈을 쌓아 둠
• 貯水(저수) : 물을 모아 둠

34

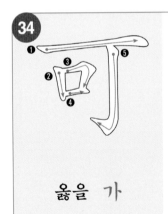

옳을 가

一	+	口	+	亅
한 일		입 구		갈고리 궐

하나(一)같이 입(口)으로 갈고리(亅)처럼 굳세게 말함이
옳으니
*또박또박 분명하게 말해야 한다는 뜻입니다.

可					

• 可用(가용) : 쓸 수 있음
• 可望(가망) : 가능성이 있는 희망

35

강 하

氵 + 可
물 수 　옳을 가

물(氵)이 **옳게**(可) 강으로 흐르니
*물이 여기저기서 모여 강으로 흐른다는 뜻입니다.

河					

- 山河(산하) : 산과 강
- 河川(하천) : 강과 시내

알림마당

알맞게 연결하세요.

丁 ·

打 ·

貯 ·

可 ·

河 ·

· 장정 정

· 칠 타

· 쌓을 저

· 옳을 가

· 강 하

낙서판

36 노래 가

可 옳을 가 + 可 옳을 가 + 欠 입 벌릴 흠

옳다(可) 옳다(可) 입 벌려(欠) 노래하니

*음정도 옳고, 박자도 옳게 입 벌려 노래한다는 뜻입니다.

歌						

• 歌手(가수) : 노래 부르는 것이 직업인 사람
• 軍歌(군가) : 군대의 사기를 북돋우기 위하여 부르는 노래

37 나 여
줄

矛 창 모 - ノ 끈 별

창(矛)에서 끈(ノ)을 떼어 나에게 줄래?

*부수 矛(창 모)에서 ノ(끈 별)을 떼면 予(나 여, 줄 여)입니다.

予						

38 차례 서

广 큰집엄 + 予 나여

큰 집(广)에서 내(予) 차례를 기다리니

*관청이나 은행 같은 큰 집에 가서 번호표를 뽑아 차례를 기다린다는 뜻입니다.

序						

• 順序(순서) : 정해진 차례
• 序頭(서두) : 일이나 말의 첫머리

39 들 야

里 마을리 + 予 줄여

마을(里)에 이로움을 주는(予) 들

*들 : 논이나 밭으로 되어 있는 넓은 땅 또는 편평하고 넓게 트인 땅

野						

• 野生(야생) : 들에서 저절로 나서 자람
• 野外(야외) : 마을에서 좀 멀리 떨어져 있는 들

40

죽을 **사**

一 + 夕 + ヒ
한 일   저녁 석   비수 비

하나(一)같이 저녁(夕)에 비수(ヒ)에 찔러 죽으니

死

• 生死(생사) : 삶과 죽음
• 死力(사력) : 죽기를 무릅쓰고 쓰는 힘

· · · · · · 알림마당 · · · · · ·

알맞게 연결하세요.

낙서판

歌 •

予 •

序 •

野 •

死 •

• 나 여

• 차례 서

• 들 야

• 노래 가

• 죽을 사

♣ 한자 밑에 뜻과 음을 쓰고, 빈 (　　) 에는 알맞은 부수를 쓰세요.

丁
(　　)

하나(　　)같이 **갈고리**(　　)처럼 굳센 장정

打
(　　)

손(　　)으로 **장정**(　　)이 치니

貯
(　　)

돈(　　)을 집(　　)에 **장정**(　　)이 쌓아 두니

可
(　　)

하나(　　)같이 입(　　)으로 **갈고리**(　　)처럼 굳세게 말함이 옳으니

河
(　　)

물(　　)이 **옳게**(　　) 강으로 흐르니

歌
(　　)

옳다(　　) 옳다(　　) **입 벌려**(　　) 노래하니

予
(　　)

창(　　)에서 **끈**(　　)을 떼어 나에게 줄래?

序
(　　)

큰 집(　　)에서 **내**(　　) 차례를 기다리니

野
(　　)

마을(　　)에 이로움을 **주는**(　　) 들

死
(　　)

하나(　　)같이 **저녁**(　　)에 비수(　　)에 찔려 죽으니

49

세 숫자 순서대로 부수를 결합하여 한자를 만들고 옆에 뜻과 음을 쓰세요.

① 一 ② 亅 ③ 扌 ④ 丁 ⑤ 貝 ⑥ 宀 ⑦ 口
⑧ 氵 ⑨ 可

31. ① + ② =

32. ③ + ④ =

33. ⑤ + ⑥ + ④ =

34. ① + ⑦ + ② =

35. ⑧ + ⑨ =

① 可 ② 欠 ③ 予 ④ 广 ⑤ 里 ⑥ 一 ⑦ 夕 ⑧ 匕

36. ① + ① + ② =

37. ③ =

38. ④ + ③ =

39. ⑤ + ③ =

40. ⑥ + ⑦ + ⑧ =

50

♣ 다음 한자어의 독음을 쓰세요.

丁 男　　　打 球　　　打 順

貯 金　　　貯 水　　　可 用

可 望　　　山 河　　　河 川

歌 手　　　軍 歌　　　順 序

序 頭　　　野 生　　　野 外

生 死　　　死 力

♣ 다음 한자어를 한자로 쓰세요.

장정 정 사내 남	칠 타 공 구	칠 타 차례 순
쌓을 저 돈 금	쌓을 저 물 수	옳을 가 쓸 용
옳을 가 바랄 망	산 산 강 하	강 하 내 천
노래 가 사람 수	군사 군 노래 가	차례 순 차례 서
차례 서 머리 두	들 야 살 생	들 야 바깥 외
살 생 죽을 사	죽을 사 힘 력	

♣ 아래의 빈칸에 한자는 뜻과 음을, 뜻과 음은 한자를 쓰세요.

21~40번 형성평가

空	窓	亡	望	再	
戒	伐	代	式	要	丁
打	貯	可	河	歌	予
序	野	死		빌 공	창문 창
망할 망	바랄 망	다시 재	경계할 계	찌를 벌	대신할 대
법 식	중요할 요	장정 정	칠 타	쌓을 저	옳을 가
강 하	노래 가	나 여	차례 서	들 야	죽을 사

41

日 + 一

해 일 · 땅 일

해(日)가 땅(一) 위로 떠오르는 아침

아침 단

旦

• 元旦(원단) : 설날 아침
• 旦夕(단석) : 아침과 저녁

42

旦 + 勿

아침 단 · 없앨 물

아침(旦)이면 없던(勿) 볕이 나니
*아침이 되면 해가 떠서 볕이 생긴다는 뜻입니다.

볕 양

昜

43 陽 볕 양

阝 (언덕 부) + 昜 (볕 양)

언덕(阝)을 비추는 볕(昜)

陽						

- 夕陽(석양) : 저녁때의 햇빛
- 陽性(양성) : 적극적이고 활발한 양의 성질

44 場 마당 장

土 (땅 토) + 昜 (볕 양)

땅(土)에 볕(昜)이 잘 드는 곳은 마당이니

場						

- 入場(입장) : 장내로 들어감
- 場所(장소) : 어떤 일이 일어나는 곳

45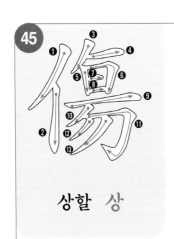

상할 상

イ	+	ン	+	昜
사람 인		사람 인		볕 양

 사람(イ)과 **사람(ン)**들이 **볕(昜)**에 피부가 **상하니**

*햇볕에 피부가 타서 상한다는 뜻입니다.

傷						

- 傷心(상심) : 마음을 상함
- 火傷(화상) : 불이나 뜨거운 열에 데어서 상함

알림마당

알맞게 연결하세요.

旦 •   • 아침 단

昜 •   • 볕 양

陽 •   • 상할 상

場 •   • 볕 양

傷 •   • 마당 장

낙서판

46

머리
우두머리 수

ヽ
수염 팔

+

一
한 일

+

自
코 자

수염(ヽ)이 **하나**(一)같이 **코**(自) 아래에 난 **머리**의 모양

首

- 首末(수말) : 머리와 끝
- 首領(수령) : 한 당파나 무리의 우두머리

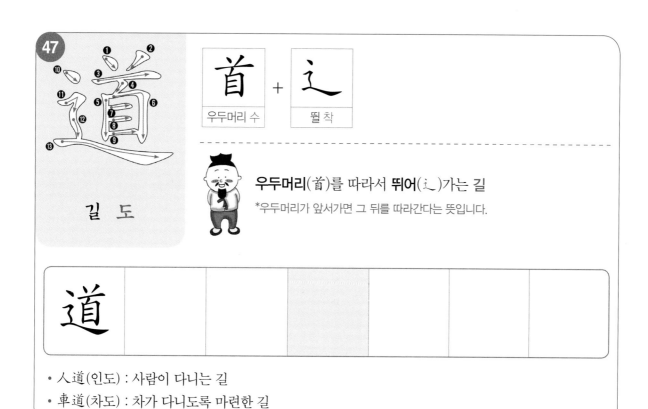

47

길 도

首
우두머리 수

+

辶
뜀 착

우두머리(首)를 따라서 **뛰어**(辶)가는 길

*우두머리가 앞서가면 그 뒤를 따라간다는 뜻입니다.

道

- 人道(인도) : 사람이 다니는 길
- 車道(차도) : 차가 다니도록 마련한 길

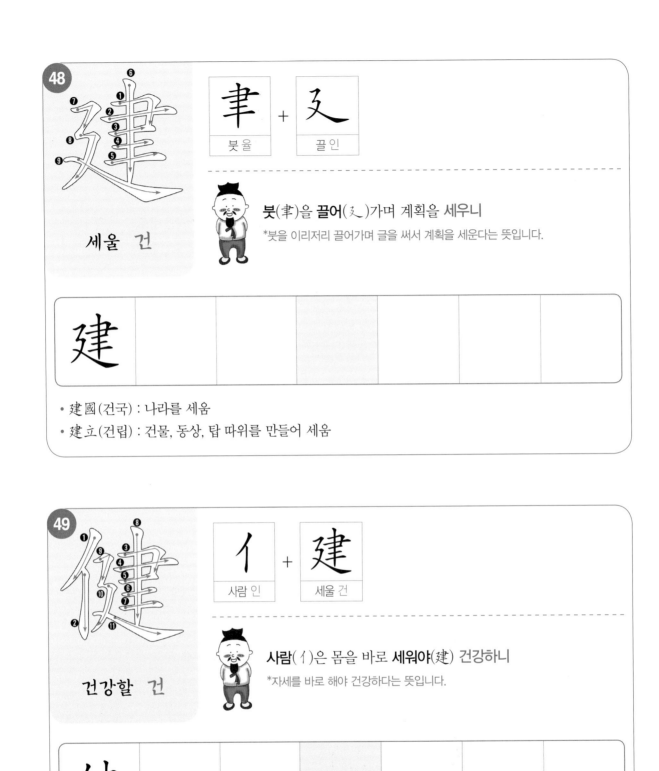

48

세울 건

聿 (붓 율) + 廴 (끌 인)

붓(聿)을 **끌어**(廴)가며 계획을 **세우니**

*붓을 이리저리 끌어가며 글을 써서 계획을 세운다는 뜻입니다.

建

• 建國(건국) : 나라를 세움
• 建立(건립) : 건물, 동상, 탑 따위를 만들어 세움

49

건강할 건

亻 (사람 인) + 建 (세울 건)

사람(亻)은 몸을 바로 **세워야**(建) **건강하니**

*자세를 바로 해야 건강하다는 뜻입니다.

健

• 健全(건전) : 건강하고 온전함
• 健夫(건부) : 기력이 강한 남자

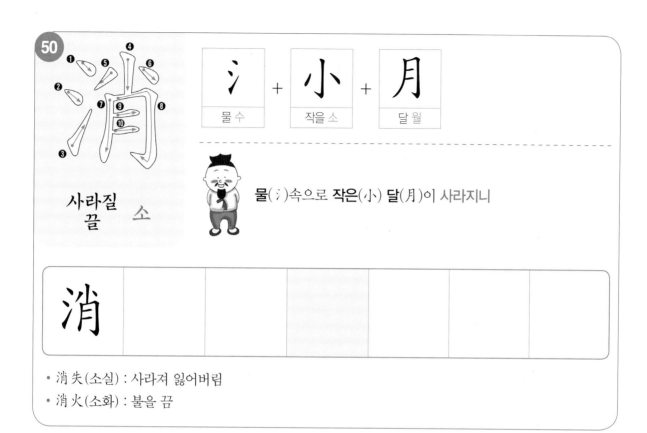

50

사라질
끝 **소**

氵 + 小 + 月
물 수   작을 소   달 월

물(氵)속으로 **작은(小) 달(月)**이 사라지니

消						

• 消失(소실) : 사라져 잃어버림
• 消火(소화) : 불을 끔

알림마당

알맞게 연결하세요.

首 •

道 •

建 •

健 •

消 •

     • 건강할 건

     • 세울 건

     • 사라질 소

     • 머리 수

     • 길 도

낙서판

♣ 한자 밑에 뜻과 음을 쓰고, 옆 (   )에는 알맞은 부수를 쓰세요.

旦
(   )   해(   )가 땅(   ) 위로 떠오르는 아침

易
(   )   아침(   )이면 없던(勿) 볕이 나니

陽
(   )   언덕(   )을 비추는 볕(   )

場
(   )   땅(   )에 볕(   )이 잘 드는 곳은 마당이니

傷
(   )   사람(   )과 사람(   )들이 볕(   )에 피부가 상하니

首
(   )   수염(   )이 하나(   )같이 코(   ) 아래에 난 머리의 모양

道
(   )   우두머리(   )를 따라서 뛰어(   )가는 길

建
(   )   붓(   )을 끌어(   )가며 계획을 세우니

健
(   )   사람(   )은 몸을 바로 세워야(   ) 건강하니

消
(   )   물(   )속으로 작은(   ) 달(   )이 사라지니

♣ 숫자 순서대로 부수를 결합하여 한자를 만들고 옆에 뜻과 음을 쓰세요.

①日　②一　③旦　④勿　⑤阝　⑥昜　⑦土
⑧亻　⑨人

41. ① + ② =

42. ③ + ④ =

43. ⑤ + ⑥ =

44. ⑦ + ⑥ =

45. ⑧ + ⑨ + ⑥ =

①首　②辶　③聿　④殳　⑤亻　⑥建　⑦氵
⑧小　⑨月

46. ① =

47. ① + ② =

48. ③ + ④ =

49. ⑤ + ⑥ =

50. ⑦ + ⑧ + ⑨ =

♣ 다음 한자어의 독음을 쓰세요.

元 旦	旦 夕	夕 陽
陽 性	入 場	場 所
傷 心	火 傷	首 末
首 領	人 道	車 道
建 國	建 立	健 全
健 夫	消 失	消 火

♣ 다음 한자어를 한자로 쓰세요.

으뜸 원 아침 단   아침 단 저녁 석   저녁 석 볕 양

볕 양 성품 성   들 입 마당 장   마당 장 곳 소

상할 상 마음 심   불 화 상할 상   머리 수 끝 말

우두머리 수 거느릴 령   사람 인 길 도   차 차 길 도

세울 건 나라 국   세울 건 설 립   건강할 건 온전할 전

건강할 건 사내 부   사라질 소 잃을 실   끝 소 불 화

63

51

史

역사 사

口 + 人
입 구   사람 인

입(口)으로 **사람**(人)들이 말하는 **역사**

*사람들의 입을 통해서 역사가 전해 내려온다는 뜻입니다.

史

• 國史(국사) : 나라의 역사
• 史記(사기) : 역사를 기록한 책

52

使

부릴 사

亻 + 一 + 口 + 人
사람 인   한 일   입 구   사람 인

사람(亻)은 **하나**(一)같이 **입**(口)으로 말을 하여 **사람**(人)들을 부리니

使

• 使用(사용) : 물건을 쓰거나 사람을 부림
• 使臣(사신) : 임금이나 국가의 명령을 받고 외국에 사절로 가는 신하

53

편할
똥오줌 편변

イ + 一 + 日 + 人

사람 인   한 일   말할 왈   사람 인

사람(イ)은 한(一) 번 말(日)할 때 들어야 사람(人)들이 편하니

*여러 번 말하면 말하는 사람이나 듣는 사람이나 서로 피곤하죠?

便						

• 便利(편리) : 편하고 이로우며 이용하기 쉬움
• 便所(변소) : 대소변을 보도록 만들어 놓은 곳

54

병사 병

斤 + 一 + 八

도끼 근   한 일   나눌 팔

도끼(斤)를 하나(一)씩 들고 나누어(八) 있는 병사

兵						

• 兵士(병사) : 군사
• 兵力(병력) : 군대의 인원

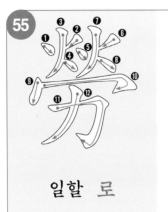

55

일할 **로**

火	+	火	+	一	+	力
불화		불화		덮을 멱		힘 력

불(火)과 불(火)에 **덮여**(一) **힘**(力)써 일하니

*늦은 밤까지 불을 켜 놓고 힘써 일한다는 뜻입니다.

勞						

- 勞動(노동) : 몸을 써서 일을 함
- 勞苦(노고) : 힘들여 수고하고 애씀

알림마당

알맞게 연결하세요.

낙서판

史 ·

使 ·

便 ·

兵 ·

勞 ·

· 병사 병

· 일할 로

· 부릴 사

· 역사 사

· 편할 편

56 努

힘쓸 노

女	+	又	+	力
여자 녀		또 우		힘 력

 여자(女)가 또(又) 힘(力)쓰니

努						

• 努力(노력) : 목적을 이루기 위하여 몸과 마음을 다하여 애를 씀

---

57 怒

성낼 노

女	+	又	+	心
여자 녀		또 우		마음 심

 여자(女)가 또(又) 마음(心)에 성내니

怒						

• 怒氣(노기) : 성난 얼굴빛
• 怒言(노언) : 성을 내어 하는 말

58 相 서로 상

木 (나무 목) + 目 (눈 목)

나무(木)를 눈(目)으로 서로 살피니
*좋은 나무를 고르기 위하여 눈으로 서로 살펴본다는 뜻입니다.

相						

• 相助(상조) : 서로 도움
• 相好(상호) : 서로 좋아함

59 想 생각 상

相 (서로 상) + 心 (마음 심)

서로(相) 마음(心)으로 생각하니

想						

• 想念(상념) : 마음속에 품고 있는 여러 가지 생각
• 想定(상정) : 어떤 상황이나 조건을 가정적으로 생각하여 단정함

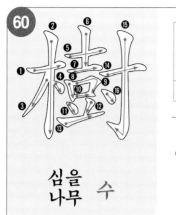

60

木	+	十	+	豆	+	寸
나무 목		열 십		콩 두		마디 촌

심을
나무 수

 나무(木)는 **십**(十) 미터 간격으로 **콩**(豆)은 **마디**(寸) 간격으로 심으니

樹					

• 果樹(과수) : 과실나무
• 樹木(수목) : 살아 있는 나무

· · · · · · · **알림
마당** · · · · ·

알맞게 연결하세요.

낙서판

努 •

怒 •

相 •

想 •

樹 •

• 서로 상

• 힘쓸 노

• 성낼 노

• 심을 수

• 생각 상

♣ 한자 밑에 뜻과 음을 쓰고, 엎 (   )에는 알맞은 부수를 쓰세요.

史
(   )

입(   )으로 사람(   )들이 말하는 역사

使
(   )

사람(   )은 하나(   )같이 입(   )으로 말을 하여 사람(   )들을 부리니

便
(   )

사람(   )은 한(   ) 번 말(   )할 때 들어야 사람(   )들이 편하니

兵
(   )

도끼(   )를 하나(   )씩 들고 나누어(   ) 있는 병사

勞
(   )

불(   )과 불(   )에 덮여(   ) 힘(   )써 일하니

努
(   )

여자(   )가 또(   ) 힘(   )쓰니

怒
(   )

여자(   )가 또(   ) 마음(   )에 성내니

相
(   )

나무(   )를 눈(   )으로 서로 살피니

想
(   )

서로(   ) 마음(   )으로 생각하니

樹
(   )

나무(   )는 십(   ) 미터 간격으로 콩(   )은 마디(   ) 간격으로 심으니

70

♣ 숫자 순서대로 부수를 결합하여 한자를 만들고 옆에 뜻과 음을 쓰세요.

①史 ②亻 ③一 ④日 ⑤人 ⑥斤 ⑦八
⑧火 ⑨宀 ⑩力

51. ① =

52. ② + ③ + ① =

53. ② + ③ + ④ + ⑤ =

54. ⑥ + ③ + ⑦ =

55. ⑧ + ⑧ + ⑨ + ⑩ =

①女 ②又 ③力 ④心 ⑤木 ⑥目 ⑦相
⑧心 ⑨十 ⑩豆 ⑪寸

56. ① + ② + ③ =

57. ① + ② + ④ =

58. ⑤ + ⑥ =

59. ⑦ + ⑧ =

60. ⑤ + ⑨ + ⑩ + ⑪ =

♣ 다음 한자어의 독음을 쓰세요.

國 史

史 記

使 用

使 臣

便 利

便 所

兵 士

兵 力

勞 動

勞 苦

努 力

怒 氣

怒 言

相 助

相 好

想 念

想 定

果 樹

樹 木

♣ 다음 한자어를 한자로 쓰세요.

나라 국　　역사 사　　　　역사 사　　기록할 기　　　　부릴 사　　쓸 용

부릴 사　　신하 신　　　　편할 편　　이로울 리　　　　똥오줌 변　　곳 소

병사 병　　선비 사　　　　병사 병　　힘 력　　　　일할 로　　움직일 동

일할 로　　괴로울 고　　　힘쓸 노　　힘 력　　　　성낼 노　　기운 기

성낼 노　　말씀 언　　　　서로 상　　도울 조　　　　서로 상　　좋을 호

생각 상　　생각 념　　　　생각 상　　정할 정　　　　열매 과　　나무 수

나무 수　　나무 목

♣ 아래의 빈칸에 한자는 뜻과 음을, 뜻과 음은 한자를 쓰세요.

41~60번 형성평가	旦	昜	陽	場	傷
	首	道	建	健	消	史
	使	便	兵	勞	努	怒
	相	想	樹		아침 단	볕 양
	볕 양	마당 장	상할 상	머리 수	길 도	세울 건
	건강할 건	사라질 소	역사 사	부릴 사	편할 편	병사 병
	일할 로	힘쓸 노	성낼 노	서로 상	생각 상	심을 수

74

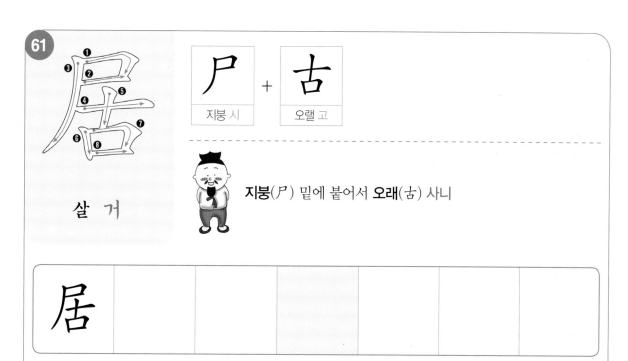

61 居 살 거

尸 지붕 시 + 古 오랠 고

지붕(尸) 밑에 붙어서 **오래(古)** 사니

居

- 居住(거주) : 일정한 곳에 머물러 삶
- 居室(거실) : 가족이 모여서 생활하는 공간

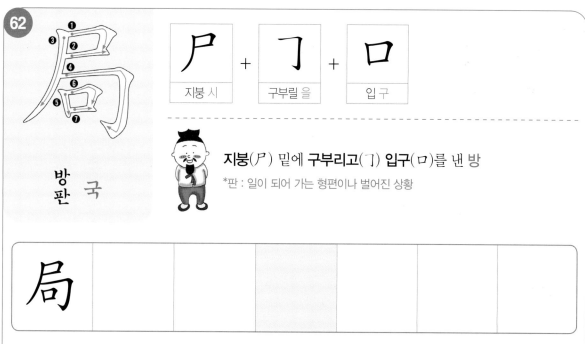

62 局 방 국 판

尸 지붕 시 + 丁 구부릴 을 + 口 입구

지붕(尸) 밑에 **구부리고(丁) 입구(口)**를 낸 **방**

*판 : 일이 되어 가는 형편이나 벌어진 상황

局

- 局長(국장) : 관청이나 회사의 조직에서 한 국의 책임자
- 局面(국면) : 어떤 일이 되어 나가는 형세나 또는 벌어진 상황

63

屋
집 옥

尸 + 至
지붕 시 이를 지

지붕(尸) 밑에 이르러(至) 쉬는 집

屋

• 屋內(옥내) : 집의 안
• 家屋(가옥) : 사람이 사는 집

64

屈
굽힐 굴

尸 + 出
지붕 시 날 출

지붕(尸) 밖으로 나오려고(出) 몸을 굽히니
*지붕이 낮아서 밖으로 나오려고 몸을 구부린다는 뜻입니다.

屈

• 屈曲(굴곡) : 이리저리 꺾이고 굽음
• 屈性(굴성) : 식물이 자극을 받았을 때 그 자극 방향에 관계되는 쪽으로 굽는 성질

65 商 장사 상

二	＋	∨	＋	冂	＋	儿	＋	口
머리 두		나눌 팔		성 경		걷는 사람 인		입 구

머리(二)에 갓 쓰고 **나누어**(∨) **성**(冂) 안을 **걸어**(儿) 다니며 **입**(口)으로 외치고 **장사**하니

商						

- 商人(상인) : 장사하는 사람
- 商品(상품) : 장사하는 물품

알림마당

· · · · · · · · · · · · · · · ·

알맞게 연결하세요.

낙서판

居 ·   · 방 국

局 ·   · 장사 상

屋 ·   · 살 거

屈 ·   · 굽힐 굴

商 ·   · 집 옥

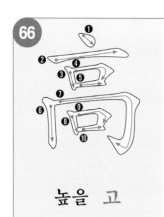

66

높을 고

지붕(㇒), 창(口), 몸체(冂), 입구(口)가 있는 **높은 누각의 모양**

高						

- 高等(고등) : 등급이 높음
- 高下(고하) : 신분이나 지위의 높음과 낮음

67

서울 경

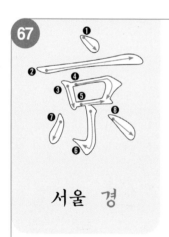

亠	+	小
높을 고		작을 소

높은(亠) 곳에 작은(小) 집이 많은 서울

*서울은 땅은 좁은데 사람이 많아서 높은 언덕에도 작게 집을 짓고 산다는 뜻입니다.

京						

- 京人(경인) : 서울 사람
- 上京(상경) : 지방에서 서울로 감

68 景

경치 경

日	+	京
해 일		서울 경

해(日)가 뜬 **서울**(京)의 **경치**

景						

- 風景(풍경) : 경치
- 雪景(설경) : 눈이 내리는 경치

69 集

모일 집

隹	+	木
새 추		나무 목

새(隹)가 **나무**(木) 위로 **모이니**

集						

- 集計(집계) : 모아서 계산함
- 集合(집합) : 한곳으로 모이거나 모음

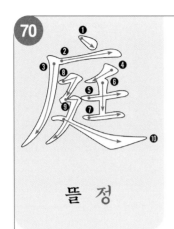

70

뜰 정

| 广 | + | ノ | + | 士 | + | 又 |
| 큰 집 엄 | | 삐침 별 | | 선비 사 | | 끌 인 |

큰 집(广)에서 **삐친**(ノ) **선비**(士)를 **끌고**(又) **뜰**(마당)로 나가니

*토라진 선비를 데리고 마당으로 바람 쐬러 나간다는 뜻입니다.
*뜰 : 집 안의 앞뒤나 좌우로 가까이 딸려 있는 빈터

庭						

• 校庭(교정) : 학교의 마당이나 운동장
• 庭園(정원) : 집 안에 있는 뜰이나 꽃밭

**알림
마당**

알맞게 연결하세요.

낙서판

高 •

京 •

景 •

集 •

庭 •

• 모일 집

• 높을 고

• 서울 경

• 경치 경

• 뜰 정

♣ 한자 밑에 **뜻**과 **음**을 쓰고, 옆 (   )에는 알맞은 **부수**를 쓰세요.

居
(   )

지붕(   ) 밑에 붙어서 **오래**(   ) 사니

局
(   )

지붕(   ) 밑에 **구부리고**(   ) **입구**(   )를 낸 방

屋
(   )

지붕(   ) 밑에 **이르러**(   ) 쉬는 집

屈
(   )

지붕(   ) 밖으로 **나오려고**(   ) 몸을 굽히니

商
(   )

머리(   )에 갓 쓰고 **나누어**(   ) **성**(   ) 안을 **걸어**(   ) 다니며
입(   )으로 외치고 장사하니

高
(   )

지붕(亠), **창**(口), **몸체**(冂), **입구**(口)가 있는 **높은** 누각의 모양

京
(   )

높은(   ) 곳에 **작은**(   ) 집이 많은 서울

景
(   )

해(   )가 뜬 **서울**(   )의 경치

集
(   )

새(   )가 **나무**(   ) 위로 모이니

庭
(   )

큰 집(   )에서 **삐친**(   ) **선비**(   )를 **끌고**(   ) 뜰(마당)로
나가니

81

♣ 숫자 순서대로 부수를 결합하여 한자를 만들고 옆에 뜻과 음을 쓰세요.

① 尸　② 古　③ 丁　④ 口　⑤ 至　⑥ 出　⑦ 二
⑧ ㇀　⑨ 冂　⑩ 儿

61. ① + ② =

62. ① + ③ + ④ =

63. ① + ⑤ =

64. ① + ⑥ =

65. ⑦ + ⑧ + ⑨ + ⑩ + ④ =

① 高　② 古　③ 小　④ 日　⑤ 京　⑥ 佳　⑦ 木
⑧ 广　⑨ 丿　⑩ 士　⑪ 又

66. ① =

67. ② + ③ =

68. ④ + ⑤ =

69. ⑥ + ⑦ =

70. ⑧ + ⑨ + ⑩ + ⑪ =

居 住	居 室	局 長
局 面	屋 內	家 屋
屈 曲	屈 性	商 人
商 品	高 等	高 下
京 人	上 京	風 景
雪 景	集 計	集 合
校 庭	庭 園	

♣ 다음 한자어를 한자로 쓰세요.

살거   살주

살거   방실

방국   어른장

판국   얼굴면

집옥   안내

집가   집옥

굽힐굴   굽을곡

굽힐굴   성품성

장사상   사람인

장사상   물건품

높을고   등급등

높을고   아래하

서울경   사람인

오를상   서울경

바람풍   경치경

눈설   경치경

모일집   셀계

모일집   합할합

학교교   뜰정

뜰정   동산원

71 허물 죄

四 (법망 망) + 非 (아닐 비)

법망(四)에 걸린 옳지 **아니한**(非) 죄

罪

- 罪人(죄인) : 죄를 지은 사람
- 罪囚(죄수) : 죄를 지어 교도소에 갇힌 사람

72 벌할 벌

四 (법망 망) + 言 (말씀 언) + 刂 (칼 도)

법망(四)에 걸린 자를 **말**(言)과 **칼**(刂)로 벌하니

*법망에 걸린 죄인을 말로 훈계하거나 칼로 베어 벌한다는 뜻입니다.

罰

- 天罰(천벌) : 하늘이 내린 벌
- 罰金(벌금) : 벌로 내게 하는 돈

73

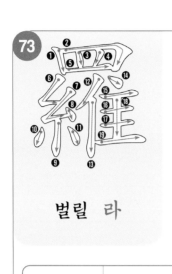

羅

벌릴 **라**

四 + 糸 + 隹
그물 망 　 실 사 　 새 추

그물(四)을 실(糸)로 짜 새(隹)를 잡으려고 벌려 놓으니

羅					

- 羅星(나성) : 죽 늘어선 별
- 新羅(신라) : 우리나라 삼국 시대의 한 나라

74

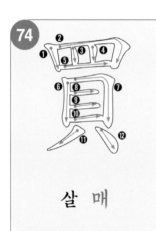

買

살 **매**

四 + 貝
그물 망 　 돈 패

그물(四)을 돈(貝) 주고 사니

買					

- 買食(매식) : 음식을 사서 먹음
- 買入(매입) : 물건 따위를 사들임

75

士 + 買
선비 사   살 매

선비(士)가 사서(買) 다시 파니
*선비가 물건을 싸게 사서 비싸게 판다는 뜻입니다.

팔 매

賣

• 賣物(매물) : 팔려고 내놓은 물건
• 賣買(매매) : 물건을 팔고 사는 일

알림마당

알맞게 연결하세요.

罪 •   • 살 매

罰 •   • 벌릴 라

羅 •   • 허물 조

買 •   • 팔 매

賣 •   • 벌할 벌

낙서판

76 讀

읽을 독

言 말씀 언 + 賣 팔 매

말(言)을 팔려고(賣) 책을 읽으니

*말하여 가르치는 사람은 책을 많이 읽어야 되죠?

讀

• 讀書(독서) : 책을 읽음
• 多讀(다독) : 많이 읽음

77 續

이을 속

糸 실 사 + 賣 팔 매

실(糸)을 팔려고(賣) 이으니

續

• 續出(속출) : 잇따라 나옴
• 續行(속행) : 계속하여 행함

78 클 / 넓을 홍

弓 (활 궁) + ム (나사)

활(弓)을 쏘려고 활시위를 내(ム) 쪽으로 당기면 늘어나 커지니

弘						

- 弘教(홍교) : 널리 포교함
- 弘大(홍대) : 범위가 넓고 큼

79 강할 강

弘 (클 홍) + 虫 (벌레 충)

큰(弘) 벌레(虫)는 강하니

強						

- 強力(강력) : 강한 힘
- 強大(강대) : 강하고 큼

80

通
통할 통

マ	+	用	+	辶
창 모		쓸 용		뛸 착

창(マ)을 쓰며(用) 뛰어(辶)가 적진을 통과하니

*적에게 포위되어 창을 휘두르며 적진을 통과한다는 뜻입니다.

通						

- 通風(통풍) : 바람이 통함
- 通話(통화) : 전화로 말을 주고받음

알림마당

알맞게 연결하세요.

讀 •

續 •

弘 •

強 •

通 •

• 강할 강

• 읽을 독

• 이을 속

• 클 홍

• 통할 통

낙서판

♣ 한자 밑에 뜻과 음을 쓰고, 안 ( )에는 알맞은 부수를 쓰세요.

罪
( )

벌 법망( )에 걸린 옳지 **아니한**( ) 죄

罰
( )

법망( )에 걸린 자를 **말**( )과 **칼**( )로 벌하니

羅
( )

그물( )을 **실**( )로 짜 **새**( )를 잡으려고 벌려 놓으니

買
( )

그물( )을 **돈**( ) 주고 사니

賣
( )

선비( )가 **사서**( ) 다시 파니

讀
( )

말( )을 **팔려고**( ) 책을 읽으니

續
( )

실( )을 **팔려고**( ) 이으니

弘
( )

활( )을 쏘려고 활시위를 **내**( ) 쪽으로 당기면 늘어나 커지니

強
( )

큰( ) **벌레**( )는 강하니

通
( )

창( )을 **쓰며**( ) **뛰어**( )가 적진을 통과하니

♣ 숫자 순서대로 부수를 결합하여 한자를 만들고 옆에 뜻과 음을 쓰세요.

---

① 四 ② 非 ③ 言 ④ 刂 ⑤ 糸 ⑥ 佳 ⑦ 貝
⑧ 士 ⑨ 買

---

71. ① + ② =

72. ① + ③ + ④ =

73. ① + ⑤ + ⑥ =

74. ① + ⑦ =

75. ⑧ + ⑨ =

---

① 言 ② 賣 ③ 糸 ④ 弓 ⑤ 厶 ⑥ 弘 ⑦ 虫
⑧ マ ⑨ 用 ⑩ 辶

---

76. ① + ② =

77. ③ + ② =

78. ④ + ⑤ =

79. ⑥ + ⑦ =

80. ⑧ + ⑨ + ⑩ =

♣ 다음 한자어의 독음을 쓰세요.

罪 人	罪 囚	天 罰
罰 金	羅 星	新 羅
買 食	買 入	賣 物
賣 買	讀 書	多 讀
續 出	續 行	弘 教
弘 大	強 力	強 大
通 風	通 話	

♣ 다음 한자어를 한자로 쓰세요.

허물 죄   사람 인

허물 죄   가둘 수

하늘 천   벌할 벌

벌할 벌   돈 금

벌릴 라   별 성

새 신   벌릴 라

살 매   밥 식

살 매   들 입

팔 매   물건 물

팔 매   살 매

읽을 독   글 서

많을 다   읽을 독

이을 속   날 출

이을 속   행할 행

넓을 홍   종교 교

넓을 홍   큰 대

강할 강   힘 력

강할 강   큰 대

통할 통   바람 풍

통할 통   말씀 화

94

♣ 아래의 빈칸에 한자는 뜻과 음을, 뜻과 음은 한자를 쓰세요.

居	局	屋	屈	商	
高	京	景	集	庭	罪
罰	羅	買	賣	讀	續
弘	強	通		살 거	방 국
집 옥	굽힐 굴	장사 상	높을 고	서울 경	경치 경
모일 집	뜰 정	허물 죄	벌할 벌	벌릴 라	살 매
팔 매	읽을 독	이을 속	클 홍	강할 강	통할 통

95

81

사람 자

늙을 로 + 흰 백

늙고(耂) 머리가 흰(白) 사람

者						

- 信者(신자) : 종교를 믿는 사람
- 學者(학자) : 학문을 연구하는 사람

82

도읍 도

사람 자 + 고을 읍

사람(者)들이 많이 모여 사는 **고을**(阝)은 도읍이니

*도시에 사람들이 많이 모여 살죠?

都						

- 都市(도시) : 사람이 많이 사는 지역
- 首都(수도) : 한 나라의 중앙 정부가 있는 도시

더울 서

日	+	者
해 일		사람 자

해(日)가 **사람**(者) 위에서 내리쬐어 더우니

暑						

- 暑氣(서기) : 더운 기운
- 暑雨(서우) : 더운 여름날에 내리는 비

관청 서

四	+	者
법망 망		사람 자

법망(四)으로 **사람**(者)들을 다스리는 관청

*관청에서 법에 따라 사람들을 다스리며 국가의 사무를 집행하죠?

署						

- 署長(서장) : 서자가 붙은 관서의 우두머리
- 署名(서명) : 자신의 이름을 제3자가 알아볼 수 있도록 씀

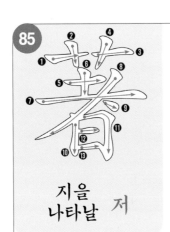

85

지을
나타날 저

艹
풀 초

+

者
사람 자

풀(艹)로 옷을 지어 입고 **사람**(者)이 나타나니

著						

- 著者(저자) : 글로 써서 책을 지어 낸 사람
- 著名(저명) : 세상에 이름이 널리 드러나 있음

알림 마당

알맞게 연결하세요.

者 •

都 •

暑 •

署 •

著 •

• 사람 자

• 도읍 도

• 더울 서

• 나타날 저

• 관청 서

耂	+ 匕	= 老(늙을 로)
	+ 子	= 孝(효도 효)
	+ 白	= 者(사람 자)

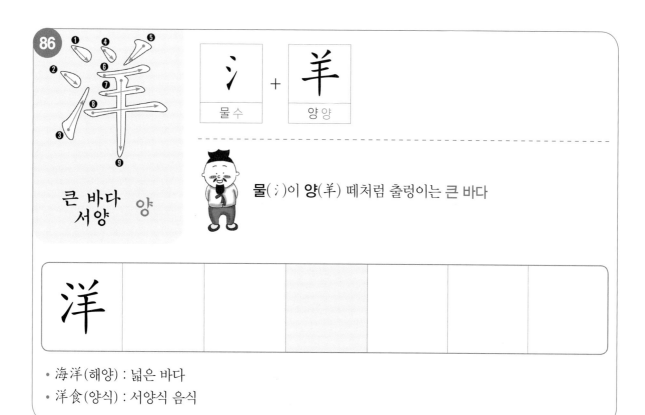

86 洋

ㅣ물수 + 羊 양양

물수 + 양양

물(ㅣ)이 양(羊) 떼처럼 출렁이는 큰 바다

큰 바다
서양   양

洋

• 海洋(해양) : 넓은 바다
• 洋食(양식) : 서양식 음식

87 鮮

魚 물고기어 + 羊 양양

물고기어 + 양양

물고기(魚)와 양(羊)고기가 싱싱하고 고우니

*상하기 쉬운 물고기와 양고기가 싱싱하고 색이 곱다는 뜻입니다.

싱싱할
고울   선

鮮

• 新鮮(신선) : 채소나 생선 따위가 싱싱함
• 鮮明(선명) : 깨끗하고 밝음

88 지킬 수

宀 집 면 + 寸 촌수 촌

집(宀)에서 촌수(寸)를 지키니

守

- 固守(고수) : 굳게 지킴
- 守門(수문) : 문을 지킴

89 널조각 판

木 나무 목 + 厂 바위 엄 + 又 또 우

나무(木)를 바위(厂) 밑에서 또(又) 조각내니

板

- 板子(판자) : 나무로 만든 널조각
- 木板(목판) : 나무에 글이나 그림 따위를 새긴 인쇄용 판

90

炭
숯 탄

山	+	厂	+	火
산 산		바위 엄		불 화

 산(山)속 **바위**(厂) 밑에서 **불**(火)타고 남은 숯

炭						

- 木炭(목탄) : 숯
- 炭火(탄화) : 숯불

- - - - - - 알림
마당 - - - - - -

알맞게 연결하세요.

洋 •

鮮 •

守 •

板 •

炭 •

• 싱싱할 선

• 큰 바다 양

• 숯 탄

• 지킬 수

• 널조각 판

木	+	寸	=	村 (마을 촌)
宀	+		=	守 (지킬 수)

101

者
(   )

늙고(   ) 머리가 흰(   ) 사람

都
(   )

사람(   )들이 많이 모여 사는 고을(   )은 도읍이니

暑
(   )

해(   )가 사람(   ) 위에서 내리쬐어 더우니

署
(   )

법망(   )으로 사람(   )들을 다스리는 관청

著
(   )

풀(   )로 옷을 지어 입고 사람(   )이 나타나니

洋
(   )

물(   )이 양(   ) 떼처럼 출렁이는 큰 바다

鮮
(   )

물고기(   )와 양(   )고기가 싱싱하고 고우니

守
(   )

집(   )에서 촌수(   )를 지키니

板
(   )

나무(   )를 바위(   ) 밑에서 또(   ) 조각내니

炭
(   )

산(   )속 바위(   ) 밑에서 불(   )타고 남은 숯

102

♣ 숫자 순서대로 부수를 결합하여 한자를 만들고 옆에 뜻과 음을 쓰세요.

| ① 少 | ② 白 | ③ 者 | ④ 阝 | ⑤ 日 | ⑥ 四 | ⑦ 艹 |

81. ① + ② =

82. ③ + ④ =

83. ⑤ + ③ =

84. ⑥ + ③ =

85. ⑦ + ③ =

| ① 氵 | ② 羊 | ③ 魚 | ④ 宀 | ⑤ 寸 | ⑥ 木 | ⑦ 厂 |
| ⑧ 又 | ⑨ 山 | ⑩ 火 |

86. ① + ② =

87. ③ + ② =

88. ④ + ⑤ =

89. ⑥ + ⑦ + ⑧ =

90. ⑨ + ⑦ + ⑩ =

♣ 다음 한자어의 독음을 쓰세요.

信 者	學 者	都 市
首 都	暑 氣	暑 雨
署 長	署 名	著 者
著 名	海 洋	洋 食
新 鮮	鮮 明	固 守
守 門	板 子	木 板
木 炭	炭 火	

♣ 다음 한자어를 한자로 쓰세요.

믿을 신　사람 자　　　배울 학　사람 자　　　도읍 도　행정구역 시

우두머리 수　도읍 도　　　더울 서　기운 기　　　더울 서　비 우

관청 서　어른 장　　　관청 서　이름 명　　　지을 저　사람 자

나타날 저　이름 명　　　바다 해　큰 바다 양　　　서양 양　밥 식

새 신　싱싱할 선　　　고울 선　밝을 명　　　굳을 고　지킬 수

지킬 수　문 문　　　널조각 판　아들 자　　　나무 목　널조각 판

나무 목　숯 탄　　　숯 탄　불 화

91

小 + 冂 + 口
작을 소 · 성 경 · 입 구

작은(小) 일이라도 성(冂)처럼 입(口)을 단단히 지켜 인품이 높으니

*입으로 함부로 말하지 않으니 인품이 높다는 뜻입니다.

높을 상

尙

• 尙禮(상례) : 예법을 중히 여기고 숭상함
• 高尙(고상) : 몸가짐과 품은 뜻이 깨끗하고 높음

92

尚 + 土
높을 상 · 땅 토

높게(尙) 땅(土)에 지은 집

집 당

堂

• 書堂(서당) : 글방
• 食堂(식당) : 손님에게 음식을 파는 가게

93

尚 + 田
높을 상   밭 전

높은(尚) 곳에 밭(田)농사를 짓는 것이 마땅하니
*대개 밭은 높은 곳에 있죠?

마땅 당

當

• 當時(당시) : 일이 생긴 그때
• 當面(당면) : 일이 바로 눈앞에 닥침

94

尚 + 貝
높을 상   돈 패

공이 높은(尚) 자에게 돈(貝)을 주어 상주니

상줄 상

賞

• 賞罰(상벌) : 상과 벌
• 賞金(상금) : 상으로 주는 돈

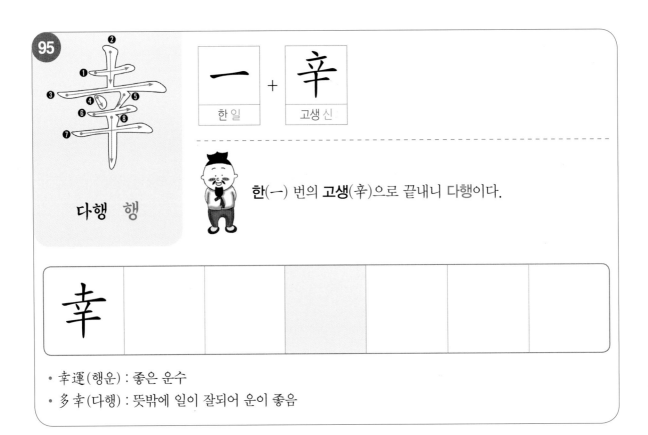

95

一 + 辛
한 일   고생 신

다행 행

한(一) 번의 고생(辛)으로 끝내니 다행이다.

| 幸 | | | | | | |

- 幸運(행운) : 좋은 운수
- 多幸(다행) : 뜻밖에 일이 잘되어 운이 좋음

알림마당

알맞게 연결하세요.   낙서판

尚 •   • 높을 상
堂 •   • 상줄 상
當 •   • 집 당
賞 •   • 다행 행
幸 •   • 마땅 당

96

比

나란할
견줄 비

ヒ (구부릴 비) + ヒ (구부릴 비)

두 사람이 나란히 **구부리고**(ヒ) 앉아 **견주고** 있는 모양

比						

• 比等(비등) : 견주어서 보기에 서로 비슷함
• 比重(비중) : 다른 것과 비교할 때 차지하는 중요도

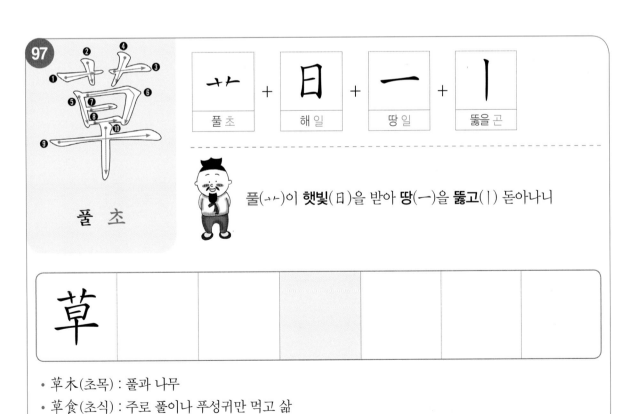

97

草

풀 초

艹 (풀 초) + 日 (해 일) + 一 (땅 일) + ｜ (뚫을 곤)

풀(艹)이 **햇빛**(日)을 받아 **땅**(一)을 **뚫고**(｜) 돋아나니

草						

• 草木(초목) : 풀과 나무
• 草食(초식) : 주로 풀이나 푸성귀만 먹고 삶

98

能
능할 능

ム 나 사 + 月 몸 월 + 匕 비수 비 + 匕 비수 비

내(ム) 몸(月)은 **비수(匕)**와 **비수(匕)** 다루는 일에 **능하니**

能						

- 有能(유능) : 재능이 있음
- 萬能(만능) : 모든 일에 다 능통하거나 모든 일을 다 할 수 있음

99

服
복종할
옷복 복

月 달 월 + 卩 무릎 꿇을 절 + 又 손 우

달(月) 아래 **무릎 꿇고(卩) 손(又)**을 짚고 **복종하니**

服						

- 夏服(하복) : 여름철에 입는 옷
- 校服(교복) : 학교에서 학생들이 입도록 정한 제복

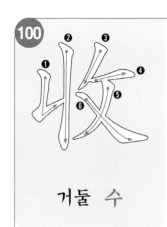

100

거둘 **수**

| ㄠ | + | 攵 |
| 조각 **장** | | 칠 **복** |

 곡식을 **조각**(ㄠ)으로 **쳐**(攵) **거두니**

*콩이나 깨 같은 곡식을 조각으로 쳐서 털어 거둔다는 뜻입니다.

收						

- 收入(수입) : 돈이나 물품 따위를 거두어들임
- 秋收(추수) : 가을에 익은 곡식을 거두어들임

알림마당

알맞게 연결하세요.

낙서판

比 •　　　　• 풀 초

草 •　　　　• 거둘 수

能 •　　　　 나란할 비

服 •　　　　• 능할 능

收 •　　　　• 복종할 복

♣ 한자 밑에 뜻과 음을 쓰고, 옆 (   )에는 알맞은 부수를 쓰세요.

尚
(   )

작은(   ) 일이라도 성(   )처럼 입(   )을 단단히 지켜 인품이 높으니

堂
(   )

높게(   ) 땅(   )에 지은 집

當
(   )

높은(   ) 곳에 밭(   )농사를 짓는 것이 마땅하니

賞
(   )

공이 높은(   ) 자에게 돈(   )을 주어 상주니

幸
(   )

한(   ) 번의 고생(   )으로 끝내니 다행이다.

比
(   )

두 사람이 나란히 구부리고(   ) 앉아 견주고 있는 모양

草
(   )

풀(   )이 햇빛(   )을 받아 땅(   )을 뚫고(   ) 돋아나니

能
(   )

내(   ) 몸(   )은 비수(   )와 비수(   ) 다루는 일에 능하니

服
(   )

달(   ) 아래 무릎 꿇고(   ) 손(   )을 짚고 복종하니

收
(   )

곡식을 조각(   )으로 쳐(   ) 거두니

112

♣ 숫자 순서대로 부수를 결합하여 한자를 만들고 옆에 뜻과 음을 쓰세요.

| ① 尚 | ② 土 | ③ 田 | ④ 貝 | ⑤ 一 | ⑥ 辛 |

91. ① =

92. ① + ② =

93. ① + ③ =

94. ① + ④ =

95. ⑤ + ⑥ =

| ① 匕 | ② 艹 | ③ 日 | ④ 一 | ⑤ ㅣ | ⑥ 厶 | ⑦ 月 |
| ⑧ 卩 | ⑨ 又 | ⑩ 니 | ⑪ 攵 |

96. ① + ① =

97. ② + ③ + ④ + ⑤ =

98. ⑥ + ⑦ + ① + ① =

99. ⑦ + ⑧ + ⑨ =

100. ⑩ + ⑪ =

♣ 다음 한자어의 독음을 쓰세요.

尚 禮	高 尚	書 堂
食 堂	當 時	當 面
賞 罰	賞 金	幸 運
多 幸	比 等	比 重
草 木	草 食	有 能
萬 能	夏 服	校 服
收 入	秋 收	

♣ 다음 한자어를 한자로 쓰세요.

높을 상   예도 례

높을 고   높을 상

글 서   집 당

먹을 식   집 당

마땅 당   때 시

마땅 당   얼굴 면

상줄 상   벌할 벌

상줄 상   돈 금

다행 행   운수 운

많을 다   다행 행

견줄 비   등급 등

견줄 비   중요할 중

풀 초   나무 목

풀 초   먹을 식

있을 유   능할 능

많을 만   능할 능

여름 하   옷 복

학교 교   옷 복

거둘 수   들 입

가을 추   거둘 수

♣ 아래의 빈칸에 한자는 뜻과 음을, 뜻과 음은 한자를 쓰세요.

81~100번 형성평가				
者	都	暑	署	著
洋	鮮	守	板	炭	尚
堂	當	賞	幸	比	草
能	服	收		사람 자	도울 도
더울 서	관청 서	나타날 저	큰 바다 양	싱싱할 선	지킬 수
널조각 판	숯 탄	높을 상	집 당	마땅 당	상줄 상
다행 행	나란할 비	풀 초	능할 능	복종할 복	거둘 수

116

종합 평가

뜻과 음은
한자를 쓰세요.

빈칸에 한자는
뜻과 음을

囚	因	思	災	好	且
助	組	祖	査	告	吉
志	誌	角	定	是	題
頭	在		가둘 수	의지할 인	생각 사
재앙 재	좋을 호	또 차	도울 조	짤 조	할아비 조
조사할 사	알릴 고	길할 길	뜻 지	기록할 지	뿔 각
정할 정	옳을 시	문제 제	머리 두	있을 재	

空	窓	亡	望	再	戒
伐	代	式	要	丁	打
貯	可	河	歌	予	序
野	死		빌 공	창문 창	망할 망
바랄 망	다시 재	경계할 계	찌를 벌	대신할 대	법 식
중요할 요	장정 정	칠 타	쌓을 저	옳을 가	강 하
노래 가	나 여	차례 서	들 야	죽을 사	

旦	昜	陽	場	傷	首
道	建	健	消	史	使
便	兵	勞	努	怒	相
想	樹		아침 단	볕 양	볕 양
마당 장	상할 상	머리 수	길 도	세울 건	건강할 건
사라질 소	역사 사	부릴 사	편할 편	병사 병	일할 로
힘쓸 노	성낼 노	서로 상	생각 상	심을 수	

居	局	屋	屈	商	高
京	景	集	庭	罪	罰
羅	買	賣	讀	續	弘
強	通		살 거	방 국	집 옥
굽힐 굴	장사 상	높을 고	서울 경	경치 경	모일 집
뜰 정	허물 죄	벌할 벌	벌릴 라	살 매	팔 매
읽을 독	이을 속	클 홍	강할 강	통할 통	

者	都	暑	署	著	洋
鮮	守	板	炭	尚	堂
當	賞	幸	比	草	能
服	收		사람 자	도울 도	더울 서
관청 서	나타날 저	큰 바다 양	싱싱할 선	지킬 수	널조각 판
숯 탄	높을 상	집 당	마땅 당	상줄 상	다행 행
나란할 비	풀 초	능할 능	복종할 복	거둘 수	

한자를 나누고 자원을 쓰면서 공부하는
마법 술술한자 시리즈!

- 새로운 뜻과 새로운 모양의 마법 술술한자 부수로 이해하기 쉽게 자원 풀이를 하였습니다.

- 한자를 나누고 자원을 쓰면서 공부하면 만들어진 원리를 이해하여 쉽게 익힐 수 있습니다.

- 자원 풀이를 보면서 쓰기 연습을 하고, 모양이 비슷한 한자들을 비교하며 공부할 수 있습니다.

- 다양한 확인학습, 50자 단위의 형성평가, 끝에는 종합평가를 두어 실력을 점검할 수 있습니다.

- 풍부한 보충설명 및 다양한 형식의 평가로 개별 학습이 용이하여 선생님이 편합니다.

- 문장을 통하여 단어를 익히도록 예문을 실었으며, 8급과 7급은 한자카드를 수록하였습니다.

- **마법 술술한자 1** (새 뜻과 새 모양 부수) | 박두수 지음
- **마법 술술한자 2** (한자능력검정시험 8급) | 박두수 지음
- **마법 술술한자 3** (한자능력검정시험 7급) | 박두수 지음
- **마법 술술한자 4** (한자능력검정시험 6급) | 박두수 지음
- **마법 술술한자 5** (한자능력검정시험 5급) | 박두수 지음
- **마법 술술한자 6** (한자능력검정시험 4Ⅱ) | 박두수 지음
- **마법 술술한자 7** (한자능력검정시험 4급) | 박두수 지음
- **마법 술술한자 8** (한자능력검정시험 3Ⅱ) | 박두수 지음
- **마법 술술한자 9** (한자능력검정시험 3급) | 박두수 지음

중앙에듀북스 Joongang Edubooks Publishing Co.
중앙경제평론사 | 중앙생활사 Joongang Economy Publishing Co./Joongang Life Publishing Co.

중앙에듀북스는 폭넓은 지식교양을 함양하고 미래를 선도한다는 신념 아래 설립된 교육·학습서 전문 출판사로서
우리나라와 세계를 이끌고 갈 청소년들에게 꿈과 희망을 주는 책을 발간하고 있습니다.

초등 고학년 한자

초판 1쇄 발행 | 2017년 2월 18일
초판 2쇄 발행 | 2022년 3월 25일

지은이 | 박두수(DuSu Park)
펴낸이 | 최점옥(JeomOg Choi)
펴낸곳 | 중앙에듀북스(Joongang Edubooks Publishing Co.)

대   표 | 김용주
편   집 | 한옥수·백재운
디자인 | 박근영
인터넷 | 김회승

출력 | 한영문화사   종이 | 에이엔페이퍼   인쇄·제본 | 한영문화사

잘못된 책은 구입한 서점에서 교환해드립니다.
가격은 표지 뒷면에 있습니다.

ISBN 978-89-94465-36-4(63700)

등록 | 2008년 10월 2일 제2-4993호
주소 | ⑨ 04590 서울시 중구 다산로20길 5(신당4동 340-128) 중앙빌딩
전화 | (02)2253-4463(代) 팩스 | (02)2253-7988
홈페이지 | www.japub.co.kr 블로그 | http://blog.naver.com/japub
페이스북 | https://www.facebook.com/japub.co.kr 이메일 | japub@naver.com
♣ 중앙에듀북스는 중앙경제평론사·중앙생활사와 자매회사입니다.

도서
주문
www.**japub**.co.kr
전화주문 : 02) 2253 - 4463

중앙에듀북스/중앙경제평론사/중앙생활사에서는 여러분의 소중한 원고를 기다리고 있습니다. 원고 투고는 이메일을
이용해주세요. 최선을 다해 독자들에게 사랑받는 양서로 만들어드리겠습니다. **이메일** | japub@naver.com